AF392204

GALIMATÍAS

ExLibric

MARIO DÍAZ

GALIMATÍAS

EXLIBRIC

ANTEQUERA 2020

MARIO DÍAZ

GALIMATÍAS

A mi pasado, que, sin él,
estos versos jamás hubiesen sido escritos.

Prólogo

Quizás esto parezca un mero poemario, uno como otro cualquiera, pero no es así. Aquí se recogen tantos recuerdos, tantas vivencias... Malas y buenas épocas, el amor y el dolor, alegría y tristeza, "sonrisas y lágrimas". Más que un poemario, es un poemario del sentimiento, la apertura de las puertas del corazón de una asombrosa persona, de valor incalculable, pues a las obras de arte no se les puede asignar un número. El paso de una vida complicada que sembró una pequeña semilla que ha florecido y ha dado lugar a mi joven artista, mi novio, mi amor. Mi día a día incluso cuando no estamos juntos, con quien comparto mi corazón, mi día y noche. Cuya poesía me transporta in ningún esfuerzo a donde quiera, juega conmigo a su antojo en apenas unos versos. Te hace pensar, e incluso llegar a abrirte los ojos y darle la vuelta a tu percepción del mundo, tal como hizo su autor, que cuando llegó a mi vida la cambió radicalmente. De esas personas que casualmente aparecen en el momento adecuado de la manera más inesperada posible, pero esperas que no se vayan nunca, que tengáis un principio, pero no un final, que sean sempiternas. Me ha hecho crecer y lo sigue haciendo, con cada detalle y cada gesto. Me hace sentir como nadie había conseguido, y, además, me hace sentir querida, me hace sentir especial, ya que aquel que verdaderamente te quiere saber ver en ti algo que jamás vio en otra persona, y siempre será un placer que me haga sentir diferente, sólo como él ha sabido. Su atípica alma que desprende luz por donde pasa consiguió atraparme perdidamente en un abrir y cerrar de ojos, me dejó claro que no era como los demás, y me enamoró sin tan siquiera darse cuenta. A quien agradezco todo lo que ha hecho por mí, aunque simplemente con estar ya es suficiente, porque su presencia embellece mis días y siempre consigue sacarme una sonrisa, por mucho que esté pasando. Por tener la mano tendida para ayudarme a levantarme cuando no podía yo sola, por ser uno de mis pilares fundamentales. Esa melodía atemporal que cantas sin pensar pero que no puedes sacar de tu cabeza por mucho tiempo que pase. La primavera personificada, el resurgir de las flores tras una temporada fría. La estrella más brillante, una entre un billón, que brilla por sí misma sin necesidad de apagar a las demás. El mar en calma después de una tormenta, acompañado de un tenue arcoíris que dulcemente asoma entre las nubes, el último chispeo y el sol.

Y que ojalá las personas como él fueran eternas, ya que no cabe duda de que su pasión, su dedicación, su esfuerzo, su interés, sus ganas de seguir adelante y comerse el mundo, su fuerza, su incondicionalidad son increíbles, y él al completo y todo lo que ha superado me hace sentir tan orgullosa, el saber que nos queremos con locura estando tan cuerdos…

El poder decir que soy su rosa, y él, mi poeta.

Elena Ruiz

ÍNDICE

DESCRÍBELO TÚ SI PUEDES 152

LOS DICHOS Y LOS HECHOS

La ausencia del amor deja huella en el corazón.

Los errores,
los actos que conllevan al fracaso si no se aprende de ellos.
Las malas decisiones,
los recuerdos que conllevan a noches de insomnio.

Son las huellas permanentes que se quedarán ahí grabadas para siempre:
lo que se ha dicho se podrá olvidar,
pero el hecho jamás se podrá borrar.

ORGULLO

Respiramos sueños
y exhalamos experiencias.
La vida es solo una
y no sabemos cómo apreciarla.

El profundo orgullo humano siempre acecha.

Rechazamos abrazos de seres queridos,
ya sean padres o abuelos;
seres que darían su vida por ti,
que no dudarían ni un segundo en ayudarte.
Sin embargo, los rechazamos sin razón aparente,
lo haremos sin querer,
pero ningún abrazo es igual que otro.

Negamos que nos ayuden.
Es eso, orgullo.
Pero piensa:
no siempre tendrás a alguien que esté ahí.
Y si ya lo tienes,
piensa que la inmortalidad es solo fantasía,
que la muerte es más real por más oculta que esté.

Jamás tendrás a alguien a tu lado eternamente.
Ahí, junto a ti,
sin juzgarte,
y nada más que amándote.

RECUERDO

Triste melancolía
que inunda mi piel.
Tristes recuerdos
que han de fallecer.

Tristes son los momentos
que hacen que recuerde
cuando tú te fuiste
y que jamás te volveré a ver.

PENSAMIENTO

Sueño con los momentos
en los que no soñaba,
¿en dónde yo vivía?

Respiraba,
tan sólo vivía,
y vivía.

Ya no vivo, ahora pienso.

ESPERANZA

Ahora en mi esperanza
solo hay ilusión,
ningún logro.

Sólo pensando en sueños y metas.
Esos inalcanzables finales que solo los veo de lejos.

Mi sueño,
aquel corrompido
por el alma oscura del destino,
jamás será logrado por mí,
porque la esperanza terrible me ha abandonado.
Me ha dejado solo en el eterno pavor que siento,
y ahora la inseguridad sigue creciendo sus músculos.

FINALIDAD

Peleamos y luchamos
por fines que
sin valor alguno
nos aprisionan en
una celda
egoísta
y tacaña.

Tan tacaña que posee.
Ni respirar permite.

MELANCOLÍA

Añoro los días en los que
no añoraba.
Y te echo de menos,
aunque no te conozca.

Es la profunda melancolía
que guardo con cariño,
aunque me esté devorando
cual león hambriento.

LOCURA

(Esos recuerdos no morirán).
Jamás.
(Me guiarán hasta el fin de mis días).
Siempre.

Déjalo,
está loco…

SUEÑO

Solo son sueños.
Solo son sueños.
Solo son sueños.
Solo son sueños.
Solo.

Nada más que sólidos sueños.
Que solo son sueños.
No serán nada más que sueños.
Sueños, sueños, sueños.

Tan solo vapores de sueño.
Finísimas partículas de sueño.
Soñolienta verdad de sueño.
Víbora de frío sueño.

INCERTIDUMBRE

Dudo todavía lo que es amar.
Dudo todavía lo que es soñar.
Dudo todavía lo que es vivir.

Sentía vivencias que ahora
se transforman en tristes
recuerdos inagotables.

Inagotables recuerdos
que me llaman a la puerta de mi mente
para hacerme compañía por las noches.

Esas noches de filosofía y sueño.
Esas noches de tristes y apabullantes recuerdos.
Esas noches de llantos profundos.
Esas noches de melancolía y amor.

CULPA

Ni el suelo que piso,
ni el aire que respiro,
ni la luz que me ilumina,
ni la luna que me mira.

Ni tú, ni yo.
Ni nada, ni todo.

DESESPERACIÓN

En el umbral del abismo
me encuentro desamparado,
con mil recuerdos
y ni uno bueno.

Estoy decidido
que no estaré jamás
en tu corazón (ni en ti),
flor de *desesperación.*

Desesperación.

Aquella palabra que define
con exactitud mi vida,
y el amor,
llamémosle inexistente,
lo consumo como utopía.

PERPLEJIDAD

Por más que miro,
no veo.
Y por más que oigo,
no escucho.

Pero cuando siento,
ni te imaginas cuánto siento.

Callado escucho y observo,
callado es cuando siento.

MENTIRA

¿Qué tendrá la vida
que no tenga la muerte?

Ilusiones de esperanzas
y visiones puras.

Todas acaban igual:
desarraigadas,
malheridas
y condenadas a vivir
de una manera no muy digna.

Sentimientos moribundos,
sentimientos mortales.

DESGRACIA

Solo soy un pobre desgraciado
que ni las ratas le quieren.

Bichos me odian.
Ni perros se me acercan.
Solo soy un pobre iluso
con ganas de vivir.

Pero ni la Vida me quiere.

DOLOR

¡Cómo dueles, Vida!
Tú, tan llena de ilusiones
que no llegan
y de metas inalcanzables.

¡Cómo dueles, Destino!
Prometiendo felicidad
y regalando fantasías erróneas.

¡Cómo dueles, Amor!
Con tu cara bonita
y tu realidad diabólica.

¡Cómo dueles, Mundo!

FIN

¡Qué egoísta llega a ser el cielo!

Las personas buenas de este mundo terrenal
siempre se van hacia allí.

Dejadnos algunas de ellas.

Por favor.

DESTINO

El destino.
Sucio destino.

Me hiciste sentir posesión,
una imagen de ternura.
Pero a simple vista,
solo veo decepción.

Esa cosa a la que llamas destino
es simplemente un cuento chino,
que, a su vez,
bonito y adorable.

Decepción = Destino = Tierno

Esa es la ecuación que quise entender.
Pero lo que sé
es que nunca podré.

RENCOR

Rencor,
cuánto daño haces.
    Abismo
          sin
               fondo,
ardiente páramo
sin fronteras.

Rencor,
cuánto me has implorado.

POESÍA

Te mataron.
Nos mataron.
Moriste como un poeta,
moriste como un dios.

Tu pluma sigue escribiendo
en nuestros corazones.
Tus romanceros no mueren,
ni morirán.
Habitan en lo más profundo de nuestro pecho.

Te mataron.
Nos mataron.
Pero venciste con tus letras.

Aquel día murió el poeta,
pero su poesía es inmortal.

CONFUSIÓN

¿Por qué mi cabeza se encuentra
aturdida ante semejante ignorancia?
¿Por qué las noches taciturnas penetran
perturbadoramente en mis sesos?
¿Por qué la vida me trata como a un perro callejero?
¿Por qué yo merezco vivir
mientras otras personas merecen morir?

Pues el morir es el vivir.

¿Por qué aquello,
sucia vida,
me crea problemas constantes?
Constancias que, de constante,
mucho no tiene.

La vida.
Aquello.
Malvivir.

La malvivencia es la vida de aquel
que merece ser juzgado.

Como alma en pena la mía.

DIOS

Rayos y estupor.
Maldades sin cesar.
Furias como témpanos.
Dolores incansables.

    Divinidad maldita.
        Sociedad escarmentada.
            Adulterio incontrolable.
                Maldito traidor felón ingrato.

Odiemos a Zeus,
odiemos al mundo.
Que así estamos por ti.

Odiemos al mundo, odiemos a Zeus.
Que nadie morirá por ti.

Maldita tormenta la que te creó,
maldito sea el mundo por tenerte.
Eres reflejo del mundo,
eres el reflejo del Todo.

PATRIA

España, tierra querida.
Tierra de amores y pasiones.
Que tu morfología no la cambie
ninguna entidad
ni ninguna ideología.

Habrá un día en que todos al levantar la vista,
veremos una tierra que ponga libertad.
JOSÉ ANTONIO LABORDETA

VOZ

Hoy
la Voz se ha silenciado.
La Voz del Mundo se ha ido
y deja con nosotros un legado exitoso,
maravilloso y enamorado.

Al alba, Aute.
Al alba siempre te recordaré.
Y será al alba y al anochecer
las infinitas veces que te escucharé.

Cuatro de abril de dos mil veinte

PERDÓN

No he sido el más bueno,
ni contigo ni con nadie.
Ni conmigo mismo lo he sido.

Sólo pido perdón por lo que he hecho,
perdón por molestar y perdona si te he asustado
con mi abuso de la palabra.
Perdona si te he querido mucho
o si te he lastimado.

Sólo quiero que me escuches,
que sientas mi perdón,
que me dejes olvidar.

HERMANA

Si supieras la de veces que he llorado por ti, hermana,
quizás ahora quisieras de nuevo más abrazos.

Si supieras lo frustrado que me siento
al no poder solucionar tus problemas,
quizás te ahorrarías algunas palabras.

Si supieras la de veces que te pienso, hermana,
quizás entenderías lo que significa infinito.

Si supieras lo mucho que estoy llorando ahora por ti,
y solamente por ti,
te levantarías de la cama a abrazarme de nuevo.

DESOLACIÓN

Sentirse solo es la peor enfermedad.
No tener mano a quien coger
o boca de quien hablar
es algo que no le deseo a nadie.
Pero más nocivo es sentirse solo,
aun estando acompañado.

Tener oídos para desahogar
o brazos para abrazar,
pero que en esos cuerpos
no habite un corazón para amar.

ODIO

El daño que he recibido no será en vano.
En absoluto.

Habéis hecho de mí otra persona,
otra mente.

Habéis cogido mi inocencia y la habéis usado para vuestro beneficio.

Seré noble, pero no gilipollas.
El odio que ahora siento tampoco será en vano.

ENGAÑO

Ya no me creo nada de ti.
No me creo tus miradas ni tus abrazos.
Ni siquiera las palabras que salen por tu boca.
Ya no me las creo, no volveré a caer en tu juego.

Piensa lo que quieras,
pero vivir en una mentira continua
se siente como no haber vivido jamás.
Y es así como me siento:
dudo si he vivido contigo
y no sé si podré vivir sin ti.

SILENCIO

A veces,
el silencio es el sonido necesario,
el arma contra las palabras innecesarias:
el silencio entre dos miradas
que se aman a voces;
el silencio ante una pérdida
que se marchó gritando;
el silencio entre mensajes
que se sienten como alaridos.

El silencio necesario.

AMISTAD

La amistad parece ser irrompible
al ser un edificio que se va construyendo
cada vez más y más.
Observas desde abajo y es imposible
ver el final del gigante rascacielos.

La confianza sigue siendo igual de débil
que el cristal de las ventanas del edificio;
igual de débil que los muebles de madera vieja;
igual de débil que los obreros que construyen.

Cuidar el edificio debe ser igual de importante
que pagar las facturas que supone
o pagar a los empleados que trabajan allí,
ya que, sin edificio,
no hay trabajo
ni ganancias,
ni amistad.

RESPUESTAS

Quizás no deban existir preguntas para algunas respuestas.

Un *te quiero* sin venir a cuento.
Un *me pareces impresionante* que de verdad lo sientes.
Un *qué bien lo haces* por mera admiración.
Un *qué orgulloso estoy de ti* que te eriza la piel.

Pero sí debe haber sentimiento tras esas afirmaciones.

AMORES FICTICIOS

¿Qué es la vida sin el amor?
Un fraternal suicidio.
Una mente despavorida.
Un corazón muerto.
Unas palabras vacías.
Un andar solitario.

Pero ¿qué es la vida con un amor irreal,
que no existe,
pero que parece que está ahí?

La mentira dulce del amor ficticio:
piensas que amas y que te están amando;
te sientes vivo, flotando.
Pero es solo ficción,
ese amor jamás ha existido,
ni por parte tuya,
ni por parte suya.

El amor llega y es inevitable.
El amor te puede hacer rico
y hacerte sentir deleznable.

EQUÍVOCO

Su pelo,
olas rampantes del mar azul,
siguen siendo abismo del amor.

Sus ojos,
portales del cielo, infinito,
me siguen llamando.

Y sus labios,
elixires,
siguen invitándome a pecar.

Todo es igual,
Pero ya nada se mantiene.
Ella me ha olvidado,
pero yo la sigo recordando.

LA PARADOJA

Sigues estando,
ahí sigues,
ahí estás, ahí.
Presente, viva;
viviendo.

Y yo, yo,
aquí, aquí estoy.
Ausente, muerto;
muriendo.

LÁSTIMA

Las olas de su pelo
hipnotizado me tienen,
y sus fuegos, lluvia de calor,
me enloquecen.

Lástima de tiempo.
Lástima es lo que siento
en pensar lo que pude
y lo que ya no puedo.

TARDE O TEMPRANO

Te voy a perder, lo sé.
Tarde o temprano, lo sé.

Esta maldición parece
que nunca va a apaciguarse.

Vivirá y morirá conmigo.

TU TODO

Tu sonrisa, aquella que se aprecia desde Saturno.

                                                   Sonrisa de la Creación.

Sonrisa fuerte y resplandeciente.

Tu voz aquella que pertenece a las sirenas.

                                                           Voz de los dioses.

Voz serena y llameante.

Tus ojos, aquellos que guiaron mi alma.

                                                   Ojos de la salvación.

Ojos claros y transparentes.

Tus labios, cuyos besos no son de este mundo.

                                                           Labios divinos.

Labios carnosos y consistentes.

OPTIMISMO

Tú.
Sí, tú.
Esa persona cabizbaja y taciturna
que murmura deseos y anhela vivencias,
que desea, sueña despierta,
que anhela.
que ama.
que quiere.

Sólo puedo decirte:
Vive, ama, desea, sueña.

El tiempo es oro
y platino si se recuerda.

Si crees que una ruptura es dañina,
el falso amor es todavía peor.

MÁS QUISIERA YO

Más quisiera mis sueños pertenecerte.
Más quisiera yo pertenecerte.
Más quisiera mi corazón olvidarte.
Más quisiera yo olvidarte.

Solo tú mi vida puedes cambiar,
por eso te pido que no aparezcas en mi olvido.
Contra tu ausencia no quiero luchar,
pues me hallaré vencido.

Yo quiero ser tu luz.
Yo quiero ser tu sentido.
Yo quiero ser tu dirección.
Yo quiero ser tu camino.

LO DUDARÁS

Amar:
la grandeza del cielo,
        la inmensidad del firmamento.
                la infinitud de quererte.
Aunque lo dudes, yo te quiero.

Alza tu mirada hasta la mía,
y mírame.
Mírame con tus dulces ojos de estrella.
Aunque puedas dudarlo,
yo te quiero.

Si amarte es un delito, lo pagaré;
entre rejas nunca te olvidaré.
Aunque lo dudarás,
yo te amo.

SÍ, TÚ

Por sus cabellos dorados el mundo se detendría,
y por sus ojos, claros y llenos de ternura
cualquier otro universo se pararía
para observar semejante escultura.

No dudaría lo más mínimo en velarte,
ni tampoco en dudar en qué podría hacer
para que tú confíes, sin pensar,
en amarte.

Me imagino cómo de felices serían nuestros carriles,
si no fuera por mi estólido titubeo.
¿Qué dices?, que mi corazón no se vale por sí solo.

Decídete, princesa; no aguanto tales oscilaciones.
Joder, hay en mi cabeza demasiado jaleo.
Piénsame. Siénteme, que sigo siendo frívolo.

LO SÉ

Te leo la mente.

Sé que tú me quieres,
aunque por tu boca no salga ninguna palabra.
Silencios que anidan en tu cabeza
y no hablas.
Así igual sé bien
que hoy me amas.

Mañana.
     Siempre.

Sé que finges indiferencia,
frialdad bajo cero.
Pero extrañas esos momentos
de mi ausencia.
Cuando tratas de olvidarme
es una batalla perdida.

Niégalo,
sé que quieres.
Miéntete,
sé que lo haces.
El sol de tu corazón
no se oculta poniendo la mano.

Calmada o nerviosa.
Valiente o miedosa.
Me amarás con el alma.

YO NO BESO

Algunos besarán labios, otros besarán mejillas.
Ciertos besarán manos y pocos besarán mentes.

Yo no beso nada de eso.

Yo beso almas e ideas.
Yo amo todo lo espiritual,
todo lo romántico.

¿Para qué preocuparse,
si en el trecho final seremos polvo?

Tú eres idea, tú eres alma.
Y es por eso por lo que ni siquiera te toco.

BUSCANDO ESTOY

Te voy buscando, amor. Nunca llegas.
Te estoy buscando, cariño. Siempre te escondes.
Me desgarro por conocer la respuesta.
Me muero por saber si te entregas.

Mírame, sobre nubes me encuentro.
Enciende el fuego de tu amor
para despertarme del sueño eterno.

Rescátame, amor, con tus dulces manos.
Maneja esta llama en inocentes dulzuras
y haz de mis sueños algo inolvidable.

ES INÚTIL, LO SÉ

Mi alma sigue sintiéndose como si fuera tuya.
En mi olvido no has caído, tus pies son de metal pesado.
Mi corazón es tu hogar, aunque ya te desahuciaste.
En mi casa la puerta siempre estará abierta para ti.

Te desvaneces entre la niebla profunda de mi mente,
pero el sentimiento está ahí parado,
esperando a que lo escuches.
Quieres desaparecer y no me parece mal,
pero es lo que he vivido
lo que siente pena.

Mi experiencia en amarte ha sido grandiosa,
pero a la hora de partir,
la mente ni el alma me dejan:
tu hogar, con cimientos inamovibles.
El recuerdo que jamás perecerá.

NUESTRA ALMA

Afortunado estaría mi espíritu,
si solo tú pudieras adueñarlo.
No soportaría tanta penumbra,
si en mi corazón no estás tú.

Desgarrada se encontraría mi alma,
si recorriese el camino erróneo.
Solo tú formarás parte de mi ser,
y solo tú, sería yo.

Mi pensamiento abarca infinidad de ideas,
pero la más importante, pues,
serías tú.

Praderas de sueños,
campos libertosos
y ciudades de paz;
es lo que me haces conseguir
con solo tu estar.

Solamente sería yo,
si tú pensases en ello.
Nada más que yo y tú.
O yo
y yo…
ya que tú formas parte de mí.

Simplemente sería una ilusión,
un ideal,
que tan sólo nombrarlo,
mi rostro formaría tu corazón,
tu amor inexistente.

Que llueva muerte, temor,
miedo, penumbra.
Seré el hombre que te aguarde del esplendor,
del hastío que supone vivir.

Tu vida es mía,
como la mía es la tuya.
Seríamos uno,
si yo hubiese sido más tenaz.

Me arrancaron mi alma, mi pesar.
No pobre de mí.
Pobre de ti,
que realmente mi corazón,
era el tuyo.

No puedo parar de pensar en lo felices que seríamos,
pero una sola sombra nos arrebató todo.
¿Tomar mi vida?
¿Abandonar la existencia?
No antes de cumplir mi misión:
conquistar tu vida,
tu belleza.

Sollozo entre la niebla por no poder encontrar
todo lo que hice bien,
con todo tu bienestar.

Encontré, hallé una cosa
lo cual fue una sola derrota.

Mi alma en pena
vagará por la existencia de la eternidad
después de no haber cumplido
mi nimiedad.

DIVINIDAD

Blanco demonio,
transformado en ángel.
Cálida luna,
disfrazada de sol.

Mujer, tú,
disfrazada de tú,
hipnotizas, sueñas y matas.

VACÍO

Reinaba ardor en mi cabeza.
Ardor del fracaso.
Fracaso que se convertía
en tristeza
que se transformaba
en un muy mal humor.

Yo siempre había pensado
que el amor es como una rosa.
Hasta incluso la más bella,
la más perfecta,
la más olorosa,
la más roja,
la más alta,
se marchita.

Cuando contemplé el precipicio,
lo último que decidí fue tirarme,
acabar con todo.

Pero antes pensé qué tenía dentro de mí.

Simplemente un desastre.
Yo era el desastre.
Inutilidad,
pensamiento
y desamor.

Razones por las cuales   75
terminé con mi vida,
tirándome al vacío.

No muy tarde me desperté.

OTRA VEZ

Latidos que enervan,
miradas que acechan
y tus labios perfectos
me conquistan
de cualquier manera.

Cierto es que no soporto
tu estancia y tu enojo
por todo lo que hice.
Arrepentido me encontraré.

Créeme.

Qué cínica es la vida
y qué linda, aun así,
si tan solo pudiese
conquistarte otra vez.

Sin duda yo seguiré
volviendo a nacer,
pues ya no podré
vivirte otra vez.

OJALÁ NO CURARME DE TI

Ojalá no haya cura para ti.
Tan solo te pienso,
te escribo, te deseo.
Ojalá sea imposible.

No existe, ni habrá
doctor que me cure.
No existe, ni habrá
medicina que me sane.

Llevo así un tiempo,
quizá no mucho,
pero créeme que así es.

Quizás sean días,
o semanas.
Quizás son segundos,
o quizás infinito.

No es mucho, ni es poco: es bastante.
Es suficiente.

VISIÓN

Miles de cauces de mi mente
desembocan en un mar
de desolación y menosprecio.

Tan solo navega un barco en el río,
en aquel río marchando por la puerta.

Se llama Amor y está muy ciego.

Ciego estaba el barco,
y ciego estaba el capitán.
Ciegas estaban las velas,
ciegos estaban los remos.

Amor terminó en la mar,
y se dio cuenta de lo inalcanzable,
Tierra.

Amor, mira hacia atrás,
y mira la tierra
que jamás volverás a pisar.

PENSAR EN TI

Pensar en ti.

Vives sola en mi mente:
fija,
estable,
no voluble,
cierta
y verdadera.

Tal vez mi rostro indiferente no permite conocer
lo que se refleja en mi mente,
pues la dulce llama del silencio me devora.

En mi brillante y fértil fantasía
resplandece tu imagen, bonita y pura,
como el rayo de luz que las estrellas envían.

Exaltado, vivo en el amor profundo,
mi corazón se entrega
y quiere.

Sin temores ni miedos,
sin cobardía ni bravura,
pienso en ti.

SIMPLE, SIMPLEMENTE

Te lo he dicho con el viento.
Te lo he prometido.
Te lo he jurado.
Te lo he dicho con fuego.
Te lo he dicho con hielo.
Te lo he dicho con temor.
Te lo he hecho saber.
Te lo he dicho con fantasía.
Te lo he dicho con odio.

Te lo he dicho,
te lo he contado.

Simplemente, te quiero.

AMOR INSEGURO

Ten cuidado con ese corazón.

Pusiste en mi corazón una semilla
que sigue sin crecer.
Riégala,
que mi corazón dejará de latir
en cualquier momento.

AZUL

Azul,
suaves son tus palabras,
sonidos que soñaron y sueños que apasionaron;
mares que significan tu presencia
y miradas que pretenden poseer;
secretos de amores a voces
y suaves son, y serán,
los sentimientos en tu boca.

¿Cómo no va a ser suave algo tuyo, Azul?

Terrible Azul,
¿cuánto me has echado de menos?
Porque yo,
en mi más pobre pesadilla,
te he echado tanto de menos
que todavía me cuesta centrarme
en lo mucho que te he querido.

FRÍO Y CALIENTE

Enfriaré mi alma,
que por más llegue el invierno,
mi amor se mantendrá inevitable.

Calentemos nuestras vidas,
que por más llegue la muerte,
nuestro futuro se mantendrá frío.

Frío y caliente,
¿qué se siente?

AMARILLO

Amarillo,
dulce mentiroso.
Tu estancia bonita
y tu terrible ausencia.
Tu llama viva,
que engañó a Rojo
y enamoró a Negro.

Amarillo,
¿cuánto daño me has hecho?
Porque yo,
en mi más terrible pesadilla,
he llorado tanto
que todavía me cuesta ver
lo mucho que te he amado.

OJALÁ RETROCEDER EN EL TIEMPO

Ojalá retroceder en el tiempo.

Ojalá volver a aquellas mañanas
que se hacían noches
cuando estaba contigo.
Ojalá retroceder a esas miradas,
ojalá volver a aquella sonrisa.

Ojalá retroceder en el tiempo.

Ojalá sentir de nuevo aquellas caricias
que se esparcían en mi piel.
Ojalá retroceder a esa escultura,
ojalá volver a tu cercenado pelo.

Ojalá retroceder en el tiempo.

Ojalá pertenecer a tu virtuoso pensamiento
que se alza en el horizonte.
Ojalá retroceder a esos brazos.

Ojalá volver a tu corazón.

¿QUÉ ELEGIR?

Mis ojos se alzan sobre el cielo
y caen como cuchillos
cristales indefinidos,
y me pregunto:

¿Qué elegir?,
si lo que quiero es a mí.

Estarás acompañada de la divina noche,
pero lo que más quiero es a mí.
Todo lo que quiero es a mí.

Soledad, triste y sola,
sabemos que eres innata.
Pero lo que más quiero es a mí.

Muerte, fría y oscura,
sabemos que eres inevitable.
Pero lo que más quiero es a mí.

Amor, fuego conspicuo,
sabemos que te superas,
eres todo lo que necesito.
Lo que realmente quiero es a ti.

Todo lo que quiero.

Si te digo te quiero, miento.
Pero si no te lo digo, también.

ME RECUERDAS

Tú me recuerdas
a la noche de París.
Oscura noche sin luna,
la noche gris.

Y también al brillo de las estrellas,
aquel que se contempla en París.
Tú me recuerdas al fuego vivo,
aquel fuego libre e inofensivo.

Y tus ojos, sacados del mar,
me recuerdan como si mirase,
sin duda y sin pensar,
al más pulcro y bello despertar.

Y tu cara, blanca como el lirio
y suave cual flor de algodón,
me recuerda como si fueses
parte del firmamento de Orión.

Estrella dulce y clara,
nunca te apagues.

APETITO

Me apetece comer tu boca,
comer tu voz, tu pelo.
Voy caminando sin cubrirme, callado.
No me sacia el pan, ni el agua.
Lo que pretendo saborear es a ti.

Quiero comer la luz que se posa en tu rostro.
Comer la nariz soberana de tu orgullosa cara.
Comer la sombra que se refleja en tus pestañas.

Comer todo de ti.

POESÍA, POESÍA

Poesía, poesía:
haces falta hoy día.
Poesía, poesía:
¿quién te querría?

Poesía, poesía:
¿quién te necesitaría?
Poesía, poesía:
con tu ayuda bastaría.

¿Qué es poesía?

INDISPOSICIÓN

Vivo en una incomodidad constante,
un desasosiego eterno,
una melancolía interminable.
El odio a mí mismo.

Pude y no hice,
quise y no quería, no.
Mi estorbo: tú, Vida.

¿Por qué no estás allí?
¿Por qué no aproveché tu más dulce boca?
¿Por qué no solo me olvido de tu sabor?
¿Por qué no vivo solo, así, sin besarte?

Por qué no solo…

JUÉGATELA

Hazlo. Sin pensar.
Jamás pienses cuando lo vayas a hacer,
porque al final no lo harás
y quizás llorarás.
Te lamentarás de que no haya ocurrido.

Podrías disfrutar de la mejor sonrisa jamás esbozada.
O mejor, a la mejor persona jamás nacida.

Pero, como todo, será un arma de doble filo:
podrías llevarte solo decepción,
un martirio difícil de superar,
una calamidad propia de un olímpico.

¿Mi consejo? Juégatela.

LA ENFERMEDAD

Me encuentro cayendo hacia tu figura.
La gravedad se siente como nunca,
el agujero negro de tu rostro.
Me encuentro cayendo hacia tu corazón
cuando me miras con tus ojos esbeltos,
ese tacto invisible.

No eres correspondido, si yo lo sé.
Pero te siento tan dentro,
casi como una enfermedad
cuya cura es el olvido.
El antídoto que sabe a veneno.
El remedio,
que en este caso es peor que tú,
mi enfermedad.

NEGRO

Negro,

¿Quién eres tú, Negro?
¿Quién eres?
Invocador de maldades.
Acosador de mentes.
Embustero.

¿Quién eres tú, Negro?
Sombra oscura,
el Mal.
Me arrebataste todo,
mi Azul.

¿Quién eres tú, Negro?
No te das cuenta de quién eres,
porque ni tú lo sabes.
Ni siquiera tu mente,
propia de un demente,
conoce lo que eres capaz de hacer.

¿Quién eres tú, Negro?

DEJA LA VENTANA ABIERTA

Mamá, deja la ventana abierta,
que quiero que me visite.
Que su cuerpo ya no está,
pero la sigo amando como el primer día.

Por favor, mamá, no la cierres,
que seguro que esta noche me visita,
aunque sea solo para observarme dormir,
aunque me mire desde lejos.

Hazme caso, mamá. Esta noche vendrá.
No sé de dónde, pero sé que vendrá.
Que su cuerpo ya no está,
pero el amor que siento sigue siendo verdad.
Y sigue estando vivo como su mirada y su olor.
Su recuerdo permanece junto a mí,
junto a mi corazón.

Mamá, déjala abierta.

LA NOCHE DEL POETA

Mi corazón apartado
siente junto al cielo
el dolor del amor
y el sueño en la lejanía.

Y ya en el cielo inmenso,
aquella muerte lorquiana asoma
y oculta el día con su humilde luz
y su carismática sonrisa.

Qué voy a hacer yo aquí
en la inmensa noche
de la inmensa muerte
y de la inmensa tumba.

Qué voy a hacer yo aquí
sin adueñarme de tu mirada negra
y del alma tuya,
princesa de lo oscuro.

MULTITUDES

Tener muchas elecciones,
y no decantarte por ninguna.
Vivo de eso,
y no sé cómo parar.

Elegirte a ti como amor,
con tus ojos alucinantes.
Pero también está ella,
con sus palabras de oradora,
su inteligencia desmesurada.
Incluso está también ella,
con sus rizos, que parecen olas marinas,
y su cuerpo, esculpido en mármol.

Tantas elecciones, ninguna elección.
Soledad, enojo y tristeza.

No pude elegir,
mi corazón ya no habla.
Ando sin corazón bombeante
y sin corazón amante.

Vive el tormento,
me posee con sus garras inesperadas.
Vive el deseo
de resucitar a aquel corazón
muerto por la daga del amor.

EL TREN

El amor es como un tren:
esperas y esperas,
te dicen que tarde o temprano llega,
pero sigues ahí sentado con el tique en la mano
esperando.
Siempre llegan,
pero (casi) nunca a la hora que estaban previstos.

Y no hay solo un tren.
Ciertamente hay incontables trenes,
pero como el que acaba de pasar,
ninguno será igual.
Tendrá ruedas, pasajeros, vagones…
pero jamás tendrá el mismo maquinista
que lo controle.

MI QUERIDO AMOR

Me encontraba en el insustancial camino
con nombre Vida,
caminando sin esperanza,
buscando el tesoro de dicho camino:
Amor.

Vagaba por el sendero
desorientado y aturdido,
no aguantaba un paso más:
lo mejor era pararse a descansar…

Para siempre.

Seguir en ese camino era un suicidio.
Más de una vez pensé si me equivoqué y elegí Muerte.
Pero una luz, un destello constante y fijo
se posó sobre mi cabeza.

¡Cuánto tiempo estuviste esperando, Amor!
Te estaba buscando
y, al final,
te encontré sin querer, Amor.

Grato Amor, infinito,
permanece junto a mí,
y haz de mi persona
algo prestigioso.

QUERIDO AMOR

Todavía me sigo preguntando quién eres.
No tan solo tu existencia,
sino tu procedencia.
¿Quién demonios te ha podido crear?

Te llamamos como a un sentimiento,
pues habitas en nosotros;
por esa misma razón no te denominaría sentimiento,
Amor.

Eres algo que con palabras sería imposible describir.
Eres tan fugaz como un simple parpadeo.
Eres voluble, espontáneo, incierto.

Apareces cuando no debes
y estás ausente cuando más se te necesita.
Pero cuando llegas en el momento exacto,
no hay brillo que se te compare, Amor.

Nos envuelves a todos con tu dulzura y suavidad,
creas en nosotros una nube de material desconocido.

Te llamamos sentimiento,
y sentimiento se te queda corto, Amor.

ELEGÍA A UN CORAZÓN SOLITARIO

Ahora el corazón late solo,
sin nadie a su lado.
Está mi corazón llorando
tu muerte y tu olvido.

Te me has ido como un rayo en tormenta,
tan veloz como la vida misma,
pero lenta en tu ausencia.

Me has dejado aquí, desamparado,
sin saber a dónde dirigirme ahora,
desconociendo si podré seguir.

Mi corazón habita en penumbra,
sin poder tocarte de nuevo,
omitiendo tus abrazos,
y extrañando tus palabras.

¡Ojalá haberte querido más!
¡Ojalá haberte sentido más!

PERO CUÁNTO LA QUISE

No te quiero, no.
Ya no.
Me olvido de ti y de tu cuerpo.
De tu rostro reconocible.
Del amor que me enseñaste.

Pero no puedo.

Es imposible olvidarte:
apareces en mis sueños continuamente.
Mi mente quiere apartarte,
pero el corazón sigue agarrándote fuertemente.

Te quise de verdad.
Me dañaste.
Desapareció el amor que yo encontré en aquel rincón.
Te esfumaste sin avisar
y me quedé solo,
ahogándome en mis palabras y pensamientos.

Ya no la quiero, es cierto, pero cuánto la quise.
PABLO NERUDA

UN POEMA ALGO TRISTE

Me viene a la mente un recuerdo con olor
a madera quemada y flores marchitas.
Andando por la casa, pisando despacio
el suelo de madera oyendo tu voz aterciopelada,
suave como tus mejillas,
hablándome, más bien intimidándome,
Maldiciéndome por ser así
de inútil,
de loco,
de maniático,
de inservible,
de enfermo,
de despreciable.
Tus palabras herían como cuchillo en el pecho,
pero mis actos al parecer eran más graves.

Si mi error fue el de quererte,
créeme que lo siento mucho:
ver tu sonrisa entre otras muchas,
anhelar tus besos entre otros muchos
y desear tus pisadas como si fueran mías.
Créeme que me arrepiento de haberte amado,
no te merecías gastar tu tiempo en mí,
ni en mis sonrisas, ninguna como la tuya;
ni en mis besos, ahora insípidos;
ni en mis pisadas, que ahora son solo mías.

En ti habitaba un jardín de flores muertas
y dejaste tu olor en el salón.
Aquel olor reconocible que ahora solo recuerdo.
Tu jardín muerto se sigue sintiendo
y el olor de madera quemada
sigue existiendo.

Si aún sigo en tu recuerdo,
permíteme decirte lo siento.

DEJARTE IR

Ya no me queda otra,
ya tan solo me queda una opción:
dejar atrás todos los recuerdos,
lograr olvidar tus besos
y tratar de no soñarte.

Lograr superarte es lo que debo hacer.
Dejarte ir por la puerta de mi vida.

ROJO

Rojo, ¿qué te han hecho?
¿Por qué lloras?

Viviste en una mentira,
la mentira Negra.
Azul ya no habita en ti.
Ya no crees en él.

Ahora sólo lloras.
Lo único que sabes hacer.
Malgastar tu cuerpo y alma
con forma de lágrima.

Estuviste ciego.
Tenías una venda puesta,
una venda amarilla.
El Amarillo que tanto mostró.
El Amarillo que tanto te amó.

Ese Amarillo que has perdido.
Ese Negro que lo ha conseguido.

EL AMOR SEMPITERNO

…Pero cuando llega el amor real,
el tiempo logra detenerse.
Eres capaz de congelar el tiempo
para poder amar durante horas y horas,
sin apenas descanso.

Ha vuelto el amor,
pero esta vez no es ficticio.
Ha llegado el amor personificado,
con su sonrisa,
con su boca,
con su cuerpo.

Ha regresado el amor con nombre y apellido.
Ha vuelto con un principio con imposible final.
Ha aparecido el amor sempiterno.

POSTULADO

En el silencio absoluto
trato de pronunciar tu nombre.
Intento escribirte te amo.
Pretendo decirte todo esto con el corazón
en la palma de mi mano.

No quiero que nadie se percate.
No quiero que en la madrugada nadie me mire,
paseando de un lado a otro del cuarto,
revolcándome en la cama como un loco.

Eso es, loco. Loco.
Lleno de ti. Enamorado, iluminado. ciego.
Derramándote en forma de lágrima.

Pronuncio tu bonito nombre
en la preciosa noche estrellada,
lo grita mi corazón en cadenas.

Lo repito una y otra vez, incansablemente,
hasta que el sol con su fuerte luz
invada la habitación.

TÚ

Eres todo mi ser.
Lo que más necesito.
Estás hecha de mi corazón.
Nadie más lo tiene.
Ahora y siempre te amo.

TENGO POR NOVIA A UNA DIOSA

Tengo por novia a una diosa,
y no de las ficticias.
Eres completamente hermosa,
mi mente no da para tantas ansias.

Me levanto todos los días enamorado,
pensando en ti, en tu tacto.
Y me acuesto todas las noches embobado,
pues no me explico cómo te quiero tanto.

ERRANTE

¿Y qué pasaría si no te volviera a ver?
Dime, ¿qué ocurriría?
Vagaría por el vasto mundo de infinitud,
el vacío.

Iría paso tras paso buscándote
desde lo más profundo de mi corazón,
ya arrebatado,
Si por algún casual no te volviera a ver, amor,
créeme que ese día será el fin de ese corazón.

Tan solo de pensar en ti, me llenas de energía.
Me seduces con las ardientes palabras de tu temple.
Me conduces a lo más bonito y profundo de tu mente,
que yo sin ti,
sería pura melancolía.

Si por mí fuera, te llenaría la vida de solo satisfacción.
Qué pena que tan solo soy un simple mortal
que vive para amarte,
y qué pena que no fuese una divinidad
para ofrecerte lo que te mereces.

Pero yo te prometo que,
algún día,
te regalaré el mundo.

MANIFIESTO DE LA ROSA

Rosa, eres tú mi rosa.

Ávido color rojo, gran megalómano.
Perfecta forma deficiente y amorfa.
Espinas en tu tallo, doliente verdad.
Olor inefable y recóndito.

Rosa, eres tú mi rosa.

Me lisonjeas con tu poesía.
Me deslumbras con tu brillo.
Eres perfección.
Lo eres todo, rosa.

Rosa, eres tú mi rosa.

Con tus pétalos, valientes alas.
Con tu rojo, que me enamora.
Con tu perfume, somnífero nocturno.
Con tu forma, perfectamente ideal.

Elena, eres tú mi rosa.

ALARMAS

Quisiera nunca más volver a despertar,
porque no verte se siente tan mal
que la misma muerte siente envidia.

De la única forma que te puedo ver es soñándote,
con mis ojos cerrados y los tuyos tan abiertos.

Hoy no he puesto alarmas,
para no despertarme,
y así verte, aunque ya no estés.

ME MUERO

Te quiero porque hay en ti
no más que completitud.
Ni un mísero pétalo
ni te sobra ni te falta.
Ni un mísero olor,
ni un mísero suspiro.

La muerte es dulce si tú eres la causa.
Me doy cuenta de que cada día me muero…
y es de ti.

Ahora muero buscándote entre las sábanas,
entre la gente.
Muero pensándote. Tan solo pensándote.

Justo ahora me muero en ti.
Me derrites con tu calor profundo.
Me acuchillas con tus dedos rozándome la piel:
mi tuya sempiterna piel.

Es ahora cuando me muero amándote,
hora tras hora,
tiempo tras tiempo.

HIPNOSIS

Vivo en una hipnosis constante,
en el más inmenso vacío.
Vivo en un mundo interminable,
en el más extenso hastío.

Pero ese hastío se sacia
con el dulce sabor de tu alma,
con el suave sonido sosegado de tus sueños.
Y sobre todo con ese par de cristales
que tienes por ojos,
y tu mar personal
que habita en tu cabeza.

Miro diariamente al reloj que me hipnotiza,
observo como las manecillas me conducen
al recóndito mundo de tu corazón y de tu ser.

Miro cómo te siento
entre los espacios de mi coraza,
aquel indestructible blindaje
que te bastó unos segundos romper,
y que ahora se encuentra en ruinas.

Es tu amor lo que hipnotiza,
ese afán de conocer y vivir,
esa ansia de amar y soñar,
ese deseo de quererte.

MEMORIAS DE CONFINAMIENTO I

Mi vida está encerrada en cuatro paredes,
pero mi corazón sigue recorriendo el mundo entero.
Todavía sigo manteniendo mi amor sincero,
y en mi mente no hay más que ansiedades.

Corregidme si me equivoco, no soy el único así,
pero yo os juro que como yo no hay ninguno:
a cada hora me surge un dolor oportuno
que me encierra por dentro, muy dentro de mí.

Acabaré desquiciado, con ganas de acabar con todo.
Pero debo, debemos mantenernos amenos,
acabar con el aburrimiento, acabar con el dolor.

Mis versos seguirán fluyendo, versos de enredo.
Mi amor seguirá existiendo, amores sempiternos.
Y mi vida seguirá viviendo, vida de estupor.

QUÉ INVADIDO ME TIENES

Qué invadido me tienes.
Me tienes invadido con tu ausencia.
Qué invadido me tienes.
Entre rincones te pienso y te escribo.
Qué invadido me tienes.
No mujer, no estoy triste. Estoy enamorado.
Qué invadido me tienes con tu ausencia.

MADRUGADA

Este es solo un mero escrito.
Esta es tan solo una declaración de amor ya declarado.
Esto es tan solo un reflejo de mi mente.
Esto es un poco de lo que yo te quiero.

Que te quiero, Elena. Que te quiero.
Que te quiero tanto al norte como el sur.
Que te quiero sin complicaciones ni enredos.
Que te quiero a ti, Elena. Que te quiero a ti.

Que lo mío no son palabras vacías.
No lo son.
Que lo nuestro no son solo falacias.
No lo es.
Que lo tuyo es solo fantasías.
Sí lo es.

Ni llegué a imaginarme,
por muy soñoliento que estuviera,
semejante figura imposible y onírica:
una divinidad encarnada de otra divinidad.

Que conviertes mis penas
en agradables momentos inocuos
con sabor dulce y olor a tu perfume.

Que cada vez que te miro
Siento como una pequeña chispa
en mi pequeño mecanismo mental,
que casualmente ya damos por hecho que habitas en él

Realmente… habitas en mí.

Me conquistaste.
Me invadiste.
Me allanaste.
Me enamoraste.

Que cada estrofa que sale de mi mano
va por ti, por ti,
solo por ti.
A quien me da la vida con su sonrisa
y con sus caricias,
y con su cara,
y con sus labios.

Qué cierto es que te amo.

MARIPOSAS

Las mariposas volvieron a salir
(más bien sumergir).
Volvieron a salir aleteando
sus vigorosas alas de metal añil,
ese añil nuestro.

Tintineaban en mi estómago,
recordándome lo mucho que te amo.

Las mariposas volvieron a salir.
Se despertaron una vez,
y nadie más que tú
las volverá a callar.

Sus alas no cesan.
Su revoloteo continúa.
Porque continúo alimentándolas
con cada te quiero que te digo.

EL REINADO

Reinaste conquistándome.
Reinaste invadiéndome.
Reinaste amándome.

Llevas una corona del metal más preciado.
La llevas puesta en la cabeza,
dejando que todos la vean.
Sigue hecha del metal más valioso.
La llevas mostrándosela al mundo,
con tu orgullo de reina.

Está hecha de amor,
de mi amor, del nuestro.
Ese metal que no se oxida.
Ese metal que no tiene precio.
Nuestro metal, nuestro amor.

AFRODITA

Eres tú mi diosa,
a la que hago mis ofrendas.
Eres tú en lo que creo,
eres tú la religión deseada.

Asedias en mi corazón
con las lanzas de tu mirada.
Irrumpes en mi alma
con las dagas de tus labios.
Asaltas en mi mente
con los cuchillos de tus palabras.

¿Qué escudo te frena
o qué fortaleza te detiene?
¿Qué fronteras te impiden el paso?
¿Qué desgracias te bloquean?
¿Qué fechorías te deprimen?
¿Qué males te persiguen?

Eres tú la religión deseada,
eres tú lo ideal.

Me mantienes creyéndote
con el suave dulzor de tu existencia.

Me mantienes fiel a tu templo.
El más bello y puro templo
de tu cuerpo y de tu piel.
El más bello jamás creado para adorarte,
mi diosa.

DESDE ANDRÓMEDA

Es allí en Andrómeda donde me ven,
donde me están viendo.
Me ven,
me siguen viendo
y me seguirán viendo.

Me seguirán viendo lo mucho que te quiero.
Continuarán ellos viendo cómo nos amamos.

Y menciono Andrómeda,
porque no conozco más distancia lejana.

IMANES

Tú eres blanco y yo negro.
Tú tan bebé y yo tan viejo.
Tu brillo de sol y mi figura de luna.
Tu inmensidad marina y mi robustez de montaña.

Tan opuestos y tan unidos.

QUÉ BONITA ERES

Qué bonita eres.

Creo que es la frase que más te he repetido.
Y la que más siento.

Si nos referimos a tu belleza exterior,
no eres bonita.
Eres el concepto de bonito.

Inundas de belleza mis sueños.
Me salpicas con tu encanto
los paisajes oníricos de mi vida.
Eres el océano de hermosura
por el que navego cada día.

Ahora hablamos de tu mundo.
Ese mundo interno,
aquel enigma para el que no habita en él.
Ese cosmos interior,
del que apenas sabemos de su fondo
o de su inicio.

La belleza de tu mundo: de eso sí tengo idea.
La infinitud de tu amor. Puede ser que lo demuestras.
La complejidad de tu universo, la más fácil dificultad.
Hecho de ti, tu planeta.

Muestras cariño, estremecimiento y querer.

Eres tan bonita
que bonita se te queda insignificante.

Definamos bonita con tu nombre.

¿VIVIR SIN TI?

¿Vivir sin ti?
¡¿Estamos locos?!

Me dijiste una vez:
«Una nunca se cansa de lo que le da la vida».
Así me encuentro, y no ahora. Siempre.

Eres el aire que respiro
y siempre te respiraré.
Eres el sabor que pasa por mi lengua
y siempre te saborearé.
Eres el suave tacto que roza mi piel
y siempre te tocaré.
El dulce olor que recibo de tu perfume
y siempre te oleré.

¿Vivir sin ti?
¡¿Estamos locos?!

4:05

De noche,
ahora hablándote,
te pienso.
Y te amo.

No desperdicio un solo minuto,
que el tiempo es mi tesoro.
Y eso hago, aprovecharlo.

Hablándote,
pensándote,
amándote en la lejanía,
en esos metros que nos separan,
que para mí son centímetros
cuando te siento.

Las 4:05,
y aquí estoy amándote.

INCÓGNITA

No sé por qué decidí amarte.
Sigo buscando la razón por la que haces despertar
las mariposas.
No encuentro respuesta.
Y me la suda bastante si no la llego a encontrar.
Solo sé que amarte ha sido correcto.
Y espero que no tenga que arrepentirme después.

EUFORIA

El tiempo se agota siempre,
se está gastando ahora,
y poder gastarlo junto a ti
es una satisfacción
que solo yo puedo presenciar.

Eufórico me siento cada vez que lo pienso.
Eufórico, que tan solo de pensarte,
mi corazón se acelera.
Siento euforia contigo, amor.
Eres Euforia.

ES MUY OBVIO

Es evidente
que el sol sale todas las mañanas.
Es claro
que sangres cuando te haces un corte.
Y también es muy obvio
lo mucho que yo te quiero.

HOY HE SOÑADO

Hoy he soñado con tu figura.
Con tu más terrible temperamento.

Con tu ser, con tu todo. con tu afán,
ese anhelo de amor sempiterno que saquea mi alma,
que me brinda todo lo bueno.

Hoy he soñado con tu figura.
Con tu más pavorosa sonrisa.

Con tu mirada, con tu cara, con tu talante,
esa ambición de deidad que controla el mundo,
que me controla el mundo.

Hoy he soñado con tu figura.
Contigo, entera y sola.

INFINITUD

¿Puedes sentir ahora la infinitud?

Mi primera vez.

Yo ya la había sentido antes,
pero siempre rompiéndome la nariz.

Ahora espero la hostia,
pero nunca viene.
Y parece que nunca vendrá.
Ahora ando con los ojos cerrados.
El infinito te ciega con su luz.

Y ando descalzo,
sin temor a clavarme ninguna piedra
o a que me pique una serpiente.

Ahora si puedo sentir el infinito.
Tu infinito, el mío.
el nuestro.

EL ESPEJO

Ves sólo un espejo.

Tan solo aprecias tu reflejo.

Te ves continuamente
y no quieres mirarte.

Es el espejo tus palabras hacia mí.
Pero no te quieres ver
y finges verme a mí.

No te das cuenta lo impresionante que eres.

Tú tampoco.
Lo podrías afirmar y te quedarías corto.

Ahora es cuando te ves.
A ti, de inacabables formas y sentidos.
Y entiendo que te cuesta verte,
pues no te reconoces.

No soy tan perfecta como crees.

Sé de lo que hablo.
No sé lo que es lo perfecto,
pero sí sé que te aproximas a ello.

Y ahí estás: viendo tu reflejo.

O quizás viendo el tuyo,
viéndonos a los dos.
Y dándonos cuenta de que estamos en frente
y que nosotros somos los espejos,
que están mirándose,
reflejándose infinitamente.

En un bucle sin final alguno.

En una dimensión sempiterna
que ha tenido principio,
el vernos,
pero que no tiene final.

Y espero nunca demostrarlo,
volviéndome a romper la nariz
por enésima vez.

POLIVALENCIA

Yo ya sé lo que soy.
Me lo has repetido hasta la saciedad.
No hay día que pase sin que me digas
lo perfecto que soy
y he sido.

Pero me hacía falta una función.
Otra más.
La más importante
y de la que más carecía.
No he sido perfecto
sin la función de quererte.

La función de abrirte la puerta de mi vida.
A ti, con tu sonrisa constante.

La función de recibir tus abrazos.
Los tuyos, que se sienten entre nubes.

No he sido perfecto.
Quizás ahora pienso diferente al tenerte.

TU MIRADA

El hombre que conoces no existe.
Ese hombre apuesto, gentil, bondadoso; no existe.
Tu hombre que te mira enamorado, te quiere,
pero no existe.
No así.

No existo.
Tu descripción sobre mí es ficción.
Solo aciertas en mis sentimientos:
te amo y te amo amándote.
Pero así, como tú dices,
no existo.

Ni gentil, ni bondadoso, ni nada.
Es tu mirada la que ve erróneamente.

Qué haría yo sin esa mirada.
Qué sería yo sin tu mirada.

UN POEMA POR CORREO

He gastado incontables folios
para poder describir lo que siente
este corazón joven
y veterano en esto del amor,
cuando a mi mente
le apetece recordar tu nombre,
tu olor y tu amor.

Te he pensado de mil maneras,
pero con el mismo sentimiento.
Te he escrito mi amor con miles de bolígrafos,
pero con la misma tinta de mi corazón,
esa tinta que se impregna en tus labios cuando te beso,
esa tinta imborrable con mensaje fuerte y cierto.

Este es uno de esos poemas que te escribo
cuando toca amarte: siempre.

MEMORIAS DE CONFINAMIENTO II

Lo que yo daría para que tú estuvieses aquí
Esa distancia que nos separa
me está matando.
Está acabando conmigo.

Por más que intento no pensarte,
caigo de nuevo en el recuerdo.
Y te veo a ti, mirándome.
Te veo cogiéndome de la mano
y mirándome con tu suave mirada.
Te veo diciéndome te quiero
mientras dábamos aquel paseo,
en el momento que casi éramos extraños.
Me mirabas con temor,
pero con una dulzura
que es imposible recrear.

Te veo a ti acostada en mi cama,
de nuevo mirándome
y nada más que mirándome.
Esos segundos de ternura que pasaron
y que ahora tan solo recuerdo.
Te veo a ti, riendo

por alguna payasada mía.
Y nada más que te veo a ti.

Extraño el aroma que desprendes
y apenas recuerdo tus abrazos.
Añoro esos besos que das
y siento no haber aceptado más.

Lo que yo daría para que tú estuvieses aquí.
Justo ahora, aquí, mirándome.

MIS CINCO SENTIDOS TUYOS

Entre sinfonías te escucho
y te persigo.

Entre las letras te leo
y te sigo.

Entre perfumes te huelo
y te encuentro.

Entre comida te saboreo
y te deseo.

Entre tus abrazos te toco
y te amo.

POR SI DUDAS

Por si lo dudas… no.
No me iré ni ahora,
ni después, ni nunca.

Cuántas veces te lo habré dicho.
Que lo nuestro tuvo aquel principio,
pidiéndome aquella ficha de inglés,
pero que nunca será posible alcanzar el final,
porque no lo hay.

Ni lo habrá.

TE LO VOY A TENER QUE EXPLICAR

No eres capaz de imaginar la rabia que yo siento
al no poder entrar en tu cabeza,
para así insertarte la idea de que
eres lo más bonito que la humanidad ha presenciado.

Las palabras no sirven:
aunque te lo repita cada día, cada instante,
siempre vas a estar negándolo.
Que no eres guapa.
Que exagero.
Que miento.

Ahora te lo voy a tener que explicar,
y no precisamente con palabras.

INMORTALIDAD

Ver tu sonrisa a diario
es ahora lo que más anhelo.
Hacerte reír es mi afición,
el objetivo de mi vida.
Consolarte en tiempos duros,
besarte siempre,
sin importar el lugar o la gente;
decirte lo bonita que estás todas las mañanas.

Quisiera envejecer junto a ti.
Quiero vivir contigo hasta descubrir la inmortalidad,
para poder cumplir mi misión:
amarte por siempre.

CONTIGO

Contigo yo solo quiero ver acabar el mundo.
Es contigo con quien quiero pasarme el juego de la vida.
Quiero superar mis miedos a tu lado.
Poder decir que te amo día a día.
Ver tu despertar entre rayos de sol.
Es contigo con quien quiero envejecer.
Con nosotros, y solo nosotros.

CASI PRECISO

Eres un enigma con sencilla solución,
pero que nadie ha averiguado.
Eres un arcano sin ninguna evidencia,
una charada de palabras desconocidas.
Eres un misterio sin resolver que todavía inquieta.

Eres tan precisa como el mecanismo de un reloj,
pero en tu interior no hay manera de montarte.
Tú sola te levantas de cualquier zancadilla,
miras atrás para ver quién ha sido con una sonrisa.
Tú tienes la cualidad de iluminar dondequiera que pases,
las estrellas del firmamento te envidian.
Y no sabes cuánto.
Tú formas parte del complejo universo,
siendo así una parte fundamental en el sistema.

Sin tu presencia,
seguro que hubiésemos dejado de existir hace años.
Tu llegada al mundo fue tan sencilla,
pero tu mensaje sigue siendo un acertijo.
Intento leerte y descifrarte,
pero solo veo palabras sueltas sin coherencia alguna,
así como un galimatías.
Como el amor.

BÉSAME

Bésame hasta que el cielo se tiña completamente de rosa.
Hasta que las nubes se vuelvan azules.
Bésame hasta tocar el espacio.
Hasta alcanzar la velocidad de la luz.
Bésame hasta llegar a los cien.
Hasta hacernos inmortales.

Bésame con tus labios infinitos
Hasta que el sol se apague.

SI TÚ LO DICES...

No eres ni medio consciente de lo bonito
que es estar contigo.

Quizás esté durmiendo, no te lo niego.
No tengo idea del bien que puedo hacer, según tú.

Prefiero centrarme en los efectos que causan tus palabras,
en el sentimiento que se crea en lo más hondo de mí
cuando escucho con tu voz tus palabras escritas.

Quizás esté durmiendo, no te lo niego.
Pero si lo estoy, será mientras te abrazo.

MI VIDA

Ojalá que la única forma que te haga llorar
sea con mis versos diciéndote en papel
lo mucho que te quiero
y lo primordial que eres para que yo siga respirando.

Espero que jamás te haga sufrir de ninguna manera,
ya que, amor,
me estaría matando lentamente.
Porque perderte sería tan triste
que la propia tristeza sentiría envidia.

Porque perderte es inadmisible:
mi corazón debe seguir latiendo,
para que yo pueda seguir viviendo, para vivirte,
pues eres mi vida.

MI MOTIVACIÓN

Ver tu mensaje de buenos días.
Oír tu agradable y enamorada risa.
Tocarte la preciosa cara mientras te beso.
Oler el cálido amor que propaga tu cuerpo.
Degustar el dulce cariño que tienes hacia mí.

Quererte como nunca,
desearte día y noche.
Pensarte de nuevo
y amándote sin frenos.

DESCRÍBELO TÚ SI PUEDES

Esos momentos que con palabras
es difícil describir.
Estás con quien amas y quieres decírselo,
pero las palabras que conoces son insuficientes
para poder reflejar con exactitud lo que sientes,
por lo que recurres a situaciones ya vividas
para ponerlas de ejemplo,
con el fin de que esa persona se imagine
cuánto la quieres.

Y cuando te veas apresurado al decírselo,
cuando te veas entre la espada y la pared,
tan solo dile: *descríbelo tú si puedes*.

QUIZÁS, NO LO SÉ

Me desperté.
Te observé.
Estabas dormida, acostada en la cama,
a mi lado.
Quizás soñando, no lo sé.
Pero dormías.
Me levanté y me puse con el ordenador
a escribir mis cosillas.
Seguías dormida.
Quizás soñando, no lo sé.
Pero dormías.
Tecleaba despacio para no despertarte.
De vez en cuando miraba hacia atrás,
para verte dormir, para verte soñar,
quizás, no lo sé.
Pero te veía dormir.

Ver ese rostro dormir es otra historia
que no se puede escribir.
Es un sentimiento imposible describir.
Nada más verte ahí, dormida.
Con la cabeza apoyada en la almohada,
nada más.

VOLVISTE A APARECER

Apareces por la puerta.
Te abrazo, nos abrazamos.
Mi corazón a mil, los nervios a flor de piel.
Esos segundos entre brazos
Y esa mínima distancia entre nuestros labios.
Esos susurros, tan sinceros.
El amor resumido en respiraciones.

Volverme a decir te quiero,
olvidar todo lo que ha pasado.
Seguir de nuevo, cogidos de la mano.

INSOMNIO

Dormirme abrazado a la almohada
pensando que esa almohada eres tú.
Sintiendo el suave tacto de tu piel rozándome la cara.
Conseguir olerte, aunque estés muy lejos.
Tan solo sentirte en la noche,
para que el insomnio desaparezca.

EXTRAÑOS

Pasear por la calle sin destino alguno.
Tan solo sentir el viento en la cara.
Oír el ambiente.
Sentir la vida, la naturaleza.
Ver a niños reír o perros ladrar.
Tan solo andando.

Y cruzarte con esa persona.
Que le dijiste que la amabas,
que querías un futuro con ella.
Querías morir a su lado.
Querías despertarla cada día de tu vida
con un beso en la frente.

Exacto, querías.

Ahora sois desconocidos.
Dos personas como cualquier otras.
Que se acaban de cruzar
y que a lo mejor nunca más
volverás a cruzarte jamás.
Después de lo vivido,
ni un saludo, ni una mirada,
ni un solo gesto.
Tan solo unos extraños
que se acaban de cruzar en la calle.

EXAGERACIÓN

¿Sería exagerar que tú tienes el mejor sabor de los besos?
¿Y sería exagerar también que el olor que desprendes
es el mejor de todos los olores habidos y por haber?
Eres un festival de sentidos del que el cerebro
difícilmente se percata al tratarse de algo
jamás olido, visto, tocado, o saboreado.

¿Sería exagerar que eres en toda tu complejidad
más grande que el universo?
¿Y sería exagerar que tu amor tiene
más potencia explosiva que una supernova?
Porque yo creo que no.

Sobre el autor.

Mario Díaz (Murcia, 2002), poeta de nacimiento y amante de todos los poetas habidos y por haber. Este pasional poeta joven comienza sus versos cuando apenas cumplió los quince, tras haber padecido amores fallidos y lamentos desdichados. Hechos que lo guiaron al profundo y bello mundo de la poesía. Tiene una meta clara y directa: mantener la poesía viva. Quiere conseguir que el mundo esté envuelto por la cálida atmósfera de la poesía (o al menos intentarlo). Revolucionar las mentes mediante versos y recitales. Demostrar que la poesía es la única perfección concebible. Pondrá punto y final a sus poemas hasta que la Muerte dicte sentencia. Hasta que la Vida diga basta.